I0827506

Davy Bernet

LE RITUEL STRUCTURANT

3 gestes pour retrouver souffle, stabilité et clarté

KŌRABOX™ 2026

KORABOX™ : marque déposée à l'INPI les 20 août 2025 (classes 32, 41, 43) et 23 septembre 2025 (classes 9, 16).
Dépôt légal : mars 2026
ISBN : 979-10-979820-2-7

Crédits

Couverture : Studio Alvin (Belgique)
http://www.studio-alvin.com/

Autres crédits, par ordre d'apparition :
Box Reset, page 74 : ©Freepik/Flaticon; ©Shmai/Flaticon; ©Murmur/Flaticon; ©Surang/Flaticon; ©Jucy_Fish/Flaticon; ©Freepik/Flaticon; ©Pixartist/Flaticon;
Box Focus, page 79 : ©Icongeek26/Flaticon; ©Umeicon/Flaticon; ©Freepik/Flaticon; ©Freepik/Flaticon; ©Sudowoodo/Flaticon; ©Andinur/Flaticon; ©Pixartist/Flaticon;
Box Soul, page 84 : ©Vectorsclub/Flaticon; ©Fabien Bienefeld/Flaticon; ©Icongeek26/Flaticon; ©Freepik/Flaticon; ©Jucy_Fish/Flaticon; ©Freepik/Flaticon; ©Pixartist/Flaticon.

Droits de reproduction

Contact : contact@korabox.co

KÕRABOX™ – 3 gestes pour retrouver souffle, stabilité et clarté

À ceux qui tiennent sans bruit,

avec une fatigue propre et une dignité intacte.

À ceux qui se suradaptent pour rester aimés, et finissent par s'effacer.

À ceux qui vivent entre départs et retours, missions et chambres de passage,

et cherchent une base qui ne dépend d'aucun lieu.

À ceux qui sentent plus vite, plus fin, plus profond, et apprennent à transformer ce radar en structure.

À ceux qui n'ont pas besoin d'une motivation de plus, mais d'un socle simple qui tient les jours ordinaires.

À l'enfant que j'ai été —
celui qui se taisait pour ne pas déranger.

À l'homme que je construis —
celui qui revient à lui,
sans détour.

À toi qui lis, maintenant.
Pour le souffle.
Pour la stabilité.
Pour la clarté.

Davy Bernet

POURQUOI LIRE CE LIVRE MAINTENANT

Nous vivons saturés.
D'informations, de décisions, d'écrans, d'attentes.
Tout va vite, tout devient flou, et le corps encaisse en silence.
Ce livre n'est pas une évasion : c'est un retour au réel.

Le Rituel structurant est né là où tout se mélangeait :

la fatigue du terrain, les nuits sans sommeil, les départs à répétition, les repas avalés entre deux missions.

Entre ces fragments de vie, une évidence s'est imposée : **il faut une ligne claire** pour survivre dans le mouvement.

Ce n'est ni un manuel de développement personnel

ni un guide de productivité travesti.

C'est un livre de recentrage, une ossature du quotidien.

Trois gestes RESET – FOCUS – SOUL comme trois soutiens :

- **RESET** : vider la charge, créer l'espace.
- **FOCUS** : orienter l'énergie, tenir la direction.
- **SOUL** : nourrir la présence, retrouver l'équilibre.

L'intention de ce livre est simple :

remettre de l'humilité dans ce qui compte sans ajouter de contrainte.

Un repère minimal, réplicable, fait pour tenir les jours ordinaires.

Il ne s'agit pas de devenir quelqu'un d'autre,

mais de **redevenir habité** – par le vivant, le goût, la lenteur, la cohérence.

Parce que la motivation s'épuise.

Mais le socle, lui, tient.

Davy Bernet

Da Nang, 2025

UNE PAUSE AVANT DE COMMENCER

Prends une feuille,
ou ton téléphone.

Écris simplement trois mots
qui disent ton besoin de clarté aujourd'hui.

Garde-les précieusement.

À la toute fin du livre,
reviens ici.

Observe ce qui a bougé.
Ou ce qui est resté.

Table des matières

Prologue – L'effondrement silencieux 21

Avant-propos – Mon chemin avant le chaos...............29

Introduction – Du chaos à l'ancrage 45

Chapitre 1 – L'appel au calme 53

Chapitre 2 – Le point de bascule 61

Chapitre 3 – Naissance des trois gestes.......................65

Chapitre 4 – La box RESET 69

Chapitre 5 – La box FOCUS... 75

Chapitre 6 – La box SOUL 81

Témoignage — *Ana, 38 ans (Da Nang)*..........................87

Chapitre 7 – L'expérience 89

Chapitre 8 – L'éveil invisible 99

Chapitre 9 – L'espace que je n'ai jamais trouvé 107

Postface 117
Épilogue – L'élan partagé 121
Modèle opérationnel... 123
Pour aller plus loin – Communauté & ressources ... 131
Gestes & souffles 133
Glossaire Kõrabox™ 141
Références & repères 145
À propos de l'auteur 151
Avis de droit d'auteur 153

« Tout à bâtir.

Rien à cacher.

Revenir à soi. »

PROLOGUE

L'EFFONDREMENT SILENCIEUX

Une vie peut s'effondrer en silence.

Pas de cris. Un corps qui se relâche dans un aéroport vide.

Une lumière dure suspendait la scène, comme si le temps s'était arrêté. Là figé, je réalise que ce n'est pas seulement une rupture : c'est la fin d'un mensonge que je me raconte depuis l'enfance.

Ce matin-là, tout semblait ordinaire.

Chiang Mai.

Un billet d'avion pour Da Nang dans la main, le cœur en morceaux.

La séparation tombe. Seul dans une zone internationale désertée.

Un air froid sur la peau.

L'odeur de café réchauffé.

Le bruit de la valise sur le carrelage.

Un vide brutal.

Je m'assieds.

Les larmes sortent, impossibles à retenir.

L'épuisement me submergeait d'un seul bloc, sans distinction entre le corps et l'esprit.

Tout semblait plus lourd que d'habitude, comme si mon système nerveux encaissait chaque millimètre de réalité.

Ce n'était pas elle, la cause.

Elle m'a vu tel que je suis :

le garçon blessé, l'homme sensible, l'âme épuisée en quête d'air.

Elle m'a reconnu, accueilli, aimé jusque dans mes retraits.

Mais je me perdais déjà – pas dans le fracas, dans une dérive lente.

J'avais déjà commencé à m'effacer – à mettre les autres avant moi, sans même m'en rendre compte.

Si toi aussi tu te reconnais,

sache que ce n'est pas une fatalité.

C'est un schéma que l'on peut briser.

La vérité tombe :

ce jour-là, je ne quitte pas seulement une femme,

je quitte le rôle que je traîne.

Je romps avec ce réflexe de me contenir pour rester accepté.

Petit, hyper émotif, je sentais les tensions comme un radar invisible :

dîners lourds de non-dits, attentes pesantes.

Je prenais du recul pour ne pas les amplifier.

Sacrifier mes rêves naissants, ravaler mes questions

pour préserver une quiétude de façade :

c'était ma loyauté, ma prison.

Cette hyperanalyse me paralysait,

me poussant à donner plus que je ne recevais,

à absorber ce qui ne m'appartenait pas, jusqu'à retarder mes propres élans.

Marcher dans l'eau jusqu'au cou :

tu ne te noies pas encore,

mais chaque pas t'épuise – et si tu continues, tu couleras.

Les heures défilent :

Chiang Mai. Bangkok. Puis Da Nang.

Fauteuil raide, néon blafard, vide collé à la peau.

Passager en transit dans ma propre vie.

De ces fragments de vie dispersés naît une évidence : sans boussole, la liberté se dissout. C'est dans ce vide que l'idée a germé, claire et tenace.

Le besoin de repères.

Sous la fatigue, un murmure naît.

Une pensée ténue :

« Si tu veux tenir, il va falloir reconstruire. »

À l'hôtel, pas de grand plan.

Juste le besoin de se retrouver.

Sur une serviette froissée, trois mots tombent, sans stratégie :

RESET. FOCUS. SOUL.

- **RESET** — réduire la charge.
- **FOCUS** — orienter l'énergie.
- **SOUL** — remettre de la justesse.

Et dans ce murmure, le mantra s'impose – clair, tranchant, libérateur :

RESET YOUR STRUCTURE.

Pour briser enfin ce modèle prisonnier de l'enfance.

FEEL ALIVE.

Pour transformer ma réceptivité en atout stratégique,

reliant le sensible au concret dans une vision sur le long terme.

MOVE LIGHT.

Pour honorer mon authenticité profonde,

refusant de trahir mon essence par sacrifice ou adaptation excessive.

Ces mots ne sont pas un plan abstrait,

mais un quotidien pour renforcer la part sensible en moi,

la libérant de ses anciennes contraintes.

Je comprends :

la vocation que je cherche depuis des années ne viendra pas d'un uniforme, d'un poste, d'une relation.

Elle doit partir de l'intérieur – concis, tenable, répétable.

Cet effondrement n'est pas la fin d'une histoire d'amour.

C'est la fin d'un mensonge :

on ne s'aime pas en s'oubliant.

De ce moment de rupture va émerger un besoin de stabilité.

Un cadre conceptuel cohérent au quotidien.

KŌRABOX™.

Ce que j'ai découvert ensuite m'a sauvé la peau :

une routine en trois étapes, presque invisible, pour ne plus me perdre.

Et si toi aussi tu as l'impression d'avancer sans souffle, sans marge,

ces pages pourraient être la main qui te ramène sur le rivage.

AVANT-PROPOS

MON CHEMIN AVANT LE CHAOS

Avant ce matin à l'aéroport, avant ces trois mots griffonnés dans l'urgence, il y a eu une vie.

Une vie où je me suis perdu, pas dans un grand fracas, mais où l'énergie s'est retirée, laissant place à une forme d'évidence.

Je m'appelle Davy, et ceci est le chemin qui m'a mené à cet effondrement.

Ce livre n'est pas un manuel, c'est un témoignage vibrant.

Forgé dans l'expérience, dans la tension du terrain, dans les silences des chambres d'hôtel.

Je n'ai jamais fait de burn-out.

Mais j'ai connu ce point de bascule – ce moment où tu n'as plus de marge. Pas d'accident spectaculaire. Juste une saturation lente, tenace, invisible. Tu réalises que tu avances sans présence, que tu vis sans contact avec toi-même.

J'ai grandi dans les Vosges, une région de montagnes située dans le nord-est de la France.

Parmi les forêts denses qui sentent la résine et les sentiers tapissés d'aiguilles, avec pour horizon des crêtes bleutées et des hivers qui figent les lacs.

On m'avait orienté vers un baccalauréat professionnel de tourneur-fraiseur, un métier manuel, rigide, auquel je ne me suis jamais identifié.

À 15 ans, on avance sans trop réfléchir, poussé par l'avis des autres.

J'y suis allé, comme on monte dans un train déjà lancé.

Et ce train, c'était l'héritage de mon enfance : dans les Vosges, l'enfant que j'étais apprenait à se taire pour ne pas déranger, mettant de côté ses propres désirs.

Diplôme en poche, j'ai repris le chemin des études supérieures, mais je n'ai pas tenu. Pas par incapacité, mais parce que rien de ce que je faisais ne m'animait.

À 19 ans, j'entre dans la papeterie. Bobineur, cariste, contrats à la semaine.

Toujours en poste, jamais vraiment là.

Dix ans à contenir un feu intérieur qu'il m'était de plus en plus difficile de canaliser.

Une vie précise, réglée, presque mécanique.

Un jour, dans le vestiaire, face au miroir, j'ai vu un visage qui ne me ressemblait plus.

Une pensée lucide m'a traversé :

« Si tu restes ici, tu disparais. »

Alors, à 30 ans, j'ai tout quitté.

Australie – L'appel du concret

Je suis parti vivre en Australie.

À Perth, avec un visa vacances-travail en poche, je me suis inscrit dans une école de langue internationale, Lexis English de Scarborough Beach, au bord de l'océan Indien.

J'avais trouvé un hébergement où le chef de famille travaillait dans le bâtiment. Avec Paul, un Irlandais d'une cinquantaine d'années, il construisait des cheminées design au gaz avec des inserts bois, un travail minutieux qui demandait précision et force.

Des projets allant de maisons individuelles à des propriétés de luxe de plusieurs millions de dollars.

Il m'a rapidement proposé de l'accompagner sur ses chantiers, et j'ai naturellement accepté.

En dehors des cours d'anglais, je travaillais sur les chantiers.

On partait les matins à l'aube et on rentrait tard le soir, le dos brisé. Je portais, je vissais, je sciais – un travail physique, intense, mais solidement ancré dans le réel.

Les journées étaient variées : montage de cheminées sur mesure sur ossature métallique, peinture, rénovation, pose de cloisons, menuiserie, parfois même de petits travaux d'électricité ou de plomberie.

Un quotidien où chaque chantier avait ses exigences et ses imprévus.

On travaillait avec des gens venus du monde entier, italiens, brésiliens, coréens, chacun avec ses histoires, ses galères et ses rêves.

Après deux années passées à ses côtés, j'ai repris le chemin du voyage. De Cairns à Brisbane en passant par la Grande Barrière de corail, jusqu'aux ruelles animées de Melbourne, pour finir par Adélaïde et ses collines.

Au fond de moi, je continuais de chercher un sens, un enracinement. Mais cette parenthèse australienne de trois ans a été brutalement écourtée : sans travail permanent à cause de mon visa étudiant, je n'ai pas pu y rester. J'ai dû rentrer, laissant derrière moi l'océan et ce rythme de vie intense.

De ce contraste entre effort physique et vide intérieur naît une intuition : il faut un lieu qui ancre sans enfermer.

C'est à Chiang Mai que cette intuition prend racine.

Chiang Mai — La petite graine

En 2020, après avoir quitté l'Australie, je me pose à Chiang Mai. Déjà à l'époque, cette ville m'appelait, comme un écho qui résonnerait plus tard. Mû par une pulsion sourde – un besoin d'attache pour apaiser le chaos intérieur –, je franchis les portes de Wat Ram Poeng (Tapotaram), un monastère bouddhiste niché dans la verdure, pour une retraite de méditation *vipassanā* d'un mois.

À 4 h, le gong résonne, grave et profond, appelant à la prière matinale.

Je joins ma voix à celle du moine maître et des autres yogis, psalmodiant des chants en pali dans l'air frais – un murmure collectif qui s'élève, puis s'éteint, laissant place à un repos absolu.

Ce repos pose une cadence limpide : méditation assise, marche lente dans la cour baignée d'aube.

Deux repas scandent la journée :

- 6 h, une soupe thaïe, simple, mais savoureuse.
- 11 h, un déjeuner frugal, puis le jeûne jusqu'au lendemain.

Pas de manque, une fluidité dans le corps, une lumière dans l'esprit.

Le moment le plus vif ? L'aube, chaque matin.

Une brise caresse ma peau, porte l'odeur d'encens et d'herbe humide, tandis que les premiers rayons percent la brume.

Assis en lotus sur le sol dur, je sens le monde se taire : le bourdonnement des pensées s'apaise.

Je suis là, présent, sans poids, sans contraintes, porté par une routine qui ne m'enferme pas, mais me libère.

Déjà à cette période, cette retraite m'a montré qu'un acte peut être un élan.

Équilibre & mouvement – la graine était là, plantée dans ces matins où le temps s'étirait, immobile.

Cette sérénité je l'ai porté un temps comme une cicatrice invisible, avant qu'il ne s'efface sous le poids des jours.

Il reviendra plus tard, par une fissure, pour donner forme à ce qui devait naître.

Cette parenthèse m'a révélé une vérité simple : un tempo peut libérer.

Mais la vie, elle, n'attend pas.

Puis l'avion m'a ramené en France.

La parenthèse se referme, la cadence reprend.

Retour à l'économat – La routine militaire

À mon retour en France, je suis rentré à l'Économat des Armées dans la restauration en tant que gestionnaire de stock sur des bases militaires – en Afrique (Mali, Niger, Tchad) et en Europe (Roumanie).

Des tentes à Gao aux matins glacés de Bucarest, des repas pris à la hâte à Niamey aux silences brûlants du désert tchadien. J'ai appris la capacité à m'adapter, la résilience et, parfois, l'isolement.

J'étais entouré de soldats en uniforme, dans des environnements contrôlés. Tout fonctionnait à la minute près.

Et pourtant, je me suis senti à nouveau inutile.

J'avais beau accomplir mes missions, il manquait quelque chose de fondamental : la sensation d'avoir un rôle à jouer, une contribution authentique à offrir.

Entre deux missions, je poursuivais mes voyages, du Japon au Portugal, de Bali au Vietnam.

De mes débuts en France jusqu'à aujourd'hui, mes pas m'ont mené dans plus de vingt-cinq pays.

Et chacun a façonné une part de mon regard sur le monde.

Thaïlande — L'école de la discipline et de la chute

La Thaïlande, elle, m'a façonné autrement.

J'étais arrivé à Bangkok avec un objectif simple : m'immerger dans la boxe thaïe.

Chaque jour, je m'entraînais dans un camp local.

Corde à sauter, *shadow boxing*, paos, sacs lourds, *sparring*.

Les coups pleuvaient, les muscles brûlaient, les poumons imploraient – l'esprit se vidait.

La boxe thaïe, une école de douleur et de discipline.

Elle te prend tout ce que tu crois savoir sur toi-même, te démonte pièce par pièce… et si tu tiens, elle te reconstruit plus solide.

Une relation intense m'a poussé à mes limites. Les fissures ont craqué.

Pas seulement une histoire d'amour, mais la mise en lumière d'un schéma invisible : ma tendance à me suradapter.

Un héritage de l'enfant intérieur, prêt à tout pour maintenir la stabilité, même au prix de sa propre place.

De cette prise de conscience naît un refus clair : plus jamais me trahir. L'idée s'impose alors, nette et vitale.

Après cette magnifique expérience, je suis parti m'installer à Chiang Mai avec ma compagne.

Sur le papier, tout était idéal : une ville à taille humaine, entourée de montagnes, un flux plus doux que Bangkok, et la promesse d'une nouvelle étape.

Cependant, hors du ring, la ligne de faille réapparaissait.

L'hyper-adaptation comme prison intérieure

Pendant longtemps, je n'avais pas mis de mots sur ce qui me freinait.

Pas un manque de volonté, mais la répétition inconsciente d'un vieux scénario.

Ces réflexes d'enfance s'étaient simplement déplacés ailleurs, plus subtils, mais toujours là.

Elles m'ont poussé à rester dans des relations qui ne me correspondaient pas, dans des emplois qui éteignaient ma vitalité, pour maintenir un semblant de sécurité.

C'était un sabotage discret.

J'avançais, mais sur place.

Ce mécanisme, j'en avais déjà une conscience diffuse, mais il m'aura fallu des années pour le déceler pleinement, jusqu'au jour où, avec ma petite amie, j'ai réalisé que j'étais encore en train de répéter exactement le même schéma.

C'est de là que j'ai décidé de partir.

Ce déclic a tout changé.

Comprendre ces racines m'a donné envie de créer un antidote :

un environnement où la beauté, la nourriture vivante se rejoignent pour me ramener à moi – et offrir aux autres la même reconnexion.

L'idée a germé : et si, au lieu de me disperser, je bâtissais un refuge à contre-courant – à l'image de ce qui m'a manqué ?

- Un havre qui apaise au lieu de stimuler.
- Qui guide avec douceur, sans enfermer.
- Où l'on mange, ressent, pense avec transparence.
- Un endroit qui rappelle l'essentiel, comme un enracinement.
- Un retour à soi, sans performance.

Un cycle durable, pas une expérience jetable.

Dans mon imagination, ce refuge a pris un nom : KŌRABOX™.

Ce n'est pas né d'un rêve, mais d'un manque partagé.

Avec une intuition simple : le chaos s'apaise quand l'intérieur retrouve son ordre.

Les six principes fondateurs

Dès l'entrée, tu ressentiras :

- Principe visuel : chaque composition est agencée avec sobriété pour apaiser.
- Principe de posture : enracinement sans rigidité – quelle que soit ta place.
- Principe de tranquillité : lumière douce, silence maîtrisé, absence de bruit agressif.
- Principe de gratitude : une invitation intérieure à remercier, sans forcer.
- Principe de digestion lente : tout est pensé pour ralentir, à commencer par toi.
- Principe du choix conscient : verser la sauce, remuer, savourer.

« Ce n’est pas en cherchant à tout comprendre
que l’on se retrouve,
mais en accueillant ce qui reste. »

INTRODUCTION

DU CHAOS À L'ANCRAGE

Trois pas dans le chaos : d'où vient ce rituel

Scène 1 – RESET (Vosges, 2017, 3 h 45, quart de nuit).

Le ronron incessant de la bobineuse remplit l'air, tandis que la feuille de papier glisse en continu sur les rouleaux géants, un flux blanc infini que je surveille pour éviter les déchirures ou les bourrages.

Bobineur ce soir-là, je passe des heures courbées, le dos tordu pour ajuster les tensions constantes de la machine, et ces lames de couteaux qui coupent le papier me serrent les dents.

Horaires décalés – 20 h à 4 h cette nuit, après une série de 4 h-12 h et 12 h-20 h – qui brouillent le sommeil et l'appétit.

Le sandwich avalé trop vite laisse une fatigue sourde.

Sur le parking sombre, alors que l'aube pointe à peine, mon corps accuse le coup : muscles noués, esprit saturé.

Ce matin-là, je réalise qu'il faut une cadence personnelle pour ne pas se perdre.

La stabilité est une force tranquille, pas une limite.

Geste d'ouverture : boire lentement une gorgée d'eau fraîche sur le parking, laisser la nuit s'éteindre dans la gorge – un premier RESET improvisé.

Conclusion : RESET = faire chuter la charge avant qu'elle n'explose.

Scène 2 – FOCUS (Perth, 2018, 13 h 30, chantier).

La poussière de ciment s'accroche à la peau, pique la gorge. Je tourne la brouette, eau, sable, gravier – un mélange lourd, étouffant, chaque pelletée pesant comme une épreuve.

Paul, mon patron irlandais, aboie des ordres en anglais, *"Son, push harder on that mix !"* – ses instructions précises, mais rudes, comme ses cheminées design qu'on monte ossature par ossature.

Le midi, il insiste toujours pour prendre le temps de manger : il m'emmène dans un endroit pas cher, mais bon, un petit spot local où on s'assoit pour une *laksa* soupe mémorable, épicée et réconfortante, qu'on savoure malgré la chaleur écrasante.

Les imprévus du chantier s'enchaînent : une cloison à reprendre, et mon corps capte chaque friction, chaque grain de poussière qui irrite.

Ce jour-là, ce repas posé me permet de tenir, le bouillon chaud qui recentre et recharge.

L'après-midi avance sans flancher.

Le décor transforme le chaos en énergie dirigée.

Geste pré-préparatoire : savourer posément, cuillère après cuillère, pour canaliser le flot du jour – ébauche de FOCUS.

Conclusion : FOCUS = diriger l'énergie au lieu de la brûler.

Scène 3 – SOUL (Gao, 2021, 4 h 5, tarmac).

Le réveil sonne dans la tente obscure, vent sec du Sahel qui fait claquer la toile, et je me lève pour livrer les isothermes de denrées alimentaires préparées par mes équipes la veille, sur le tarmac éclairé par des projecteurs puissants, découpant des ombres longues sur le sol poussiéreux.

Dans la restauration, je supervise l'approvisionnement.

Au loin, les rotors des hélicoptères vibrent dans l'aube froide.

Repas de la veille encore lourd – plats denses, épicés, qui pèsent sur l'estomac dans cet isolement brûlant.

Les regards fatigués des militaires, les vides fertiles, tout s'imprime comme des échos invisibles.

Ce matin-là, je m'écarte un instant, une mandarine prise à la volée dans une cagette plastique.

Le tumulte s'apaise.

L'assurance naît de gestes simples, de ceux qui ramènent au présent.

Geste précis : inspirer profondément avant d'en détacher la peau, sentir le parfum chaud se diffuser – premiers signes de SOUL.

Conclusion : SOUL = reconnecter le sens même dans l'adversité.

Le besoin de cadre

Je l'ai compris tardivement : ce que je prenais pour un manque de liberté, c'était un besoin de cadre.

J'ai fui les routines en pensant protéger mon aire intérieure.

En réalité, c'est cette fuite qui m'a dispersé.

Ce qui me manquait, ce n'était pas la liberté : c'était un appui intérieur clair.

Il me fallait une cadence qui me stabilise, pas une contrainte.

D'une alimentation simple et précise.

D'un sanctuaire.

C'est là que l'idée de KŌRABOX™ a germé.

D'abord floue, comme un écho, puis évidente.

Un environnement ordonné, rassurant, lisible.

Peu d'objets, tous utiles.

Une alimentation pensée, ritualisée, qui nourrit le corps et apaise le système nerveux.

Une esthétique modérée.

Née d'un manque, pas d'un rêve.

Du refus de me trahir encore.

De l'envie d'arrêter de partir dans tous les sens.

De créer un agencement qui, au-delà des plats, propose une inspiration intérieure.

Un point d'appui.

Une réponse à mon instabilité.

Trois piliers se répondent : alimentation, espace, esprit. Si l'un vacille, tout s'incline.

Je ressens tout, parfois trop.

L'odeur d'un air saturé, le bourdonnement d'une pièce trop froide, la tension d'un regard.

C'est une précision, pas une fragilité.

KŌRABOX™ canalise – une boussole qui m'empêche de dériver.

L'idée vit déjà.

Ce livre en pose le socle.

J'imagine un café refuge à contre-courant du bruit.

Une carte courte qui apaise.

Des mouvements de service codifiés.

Une guérison utile.

Un endroit qui respire, où chaque détail laisse de la place au reste.

De la surface, de la lumière, absence de bruit agressif.

Je ne sais pas encore où il ouvrira. Peut-être Da Nang, où je me trouve actuellement en écrivant ce livre.

Peut-être ailleurs.

Il ouvrira.

Ce livre trace ses lignes directrices.

L'essence restera intacte, quelle que soit la ville.

CHAPITRE 1

L'APPEL AU CALME

Ce que notre corps demande

Revenir à l'essentiel, c'est déjà revenir à soi – une consonance entre matière et esprit.

Dans ce que je construis intérieurement, chaque ingrédient est choisi avec une intention simple et pure : nourrir l'esprit, stabiliser sans fatiguer.

Ici, on parle de vie, pas de calories.

Pas de plats ultra-transformés, pas de sucre maquillé, pas de recettes pensées pour séduire un algorithme.

Des ingrédients frais, colorés, dans leur forme la plus pure possible.

La règle tient en une phrase : si ton corps sait le reconnaître, ton esprit saura le digérer.

Dans cet écosystème, tout est pensé.

Pas de sauce industrielle, pas d'onctueux artificiel, pas de compensation inutile.

Chaque bouchée soutient l'énergie plutôt que de la voler.

Tu peux sortir de table et aller marcher, penser, créer.

Pas t'affaler ni devoir digérer pendant des heures.

C'est une cuisine qui travaille avec ton corps, pas contre lui.

Un terrain d'entente

Végétariens, flexitariens, curieux, épicuriens, anciens militaires, sportifs, yogis, mères de famille, nomades digitaux :

KŌRABOX™ n'exclut pas.

Il rassemble autour d'un même axe pour mieux vivre.

Pas de religion alimentaire.

Une invitation à l'essentiel.

Tu viens avec ton mode de vie, ton niveau d'énergie, ta culture.

Tu trouveras toujours un plat pour toi.

Manger frais, c'est honorer le vivant.

C'est une manière de te reconnaître.

Ne demande pas ce qu'il y a à manger.

Demande plutôt ce dont ton corps a besoin.

Une bonne nourriture commence par une bonne intention.

Il existe des méthodes qui figent, et d'autres qui révèlent.

L'architecture de ce lieu ne repose pas sur des règles strictes ni sur des dogmes nutritionnels.

Elle s'appuie sur une composition précise, capable de s'adapter à toi, à l'instant, au climat, au pays.

Un écosystème, pas un programme.

Trois intentions pour guider le choix du plat

Ici, tu ne choisis pas une recette.

Tu réponds à ton état du jour – ton besoin du moment.

Les noms restent, les ingrédients évoluent.

Effets immédiats : offrir de la nouveauté aux habitués sans les perdre, respecter les saisons, les pays, les marchés locaux.

Une expérience RESET au Vietnam ne sera pas la même qu'à Lisbonne, mais l'effet recherché reste identique.

C'est la promesse de KŌRABOX™ : une ossature stable, un contenu vibrant.

Manger vrai – bien au-delà du « sain »

Ici le végétal se montre dans sa forme la plus authentique, avec une fraîcheur croquante et de jeunes pousses encore pleines de sève.

Les préparations restent mesurées pour préserver leurs forces naturelles.

Les herbes sont cueillies du jour, les huiles extraites à froid, et les assaisonnements façonnés sur place afin que chaque élément garde sa lumière intérieure.

Manger vrai relève d'un principe simple : l'énergie circule de l'aliment à celui qui le reçoit.

On ne vient pas pour remplir un estomac, on vient nourrir le corps, aligner l'esprit et filtrer l'intérieur.

Un mouvement simple et évident.

Une approche qui rassemble.

Pas besoin d'être végétarien, vegan, ni adepte d'un courant.

Cette approche fédère sans exclure.

Le menu s'adapte sans laitages, sans plats transformés, sans dogme, avec intention, goût et justesse.

L’organisme comprend.

Et l’esprit s’aligne.

Aujourd’hui, tu n’as qu’une chose à faire : goûter cette quiétude.

Odyssée de l’âme ultra-sensible

Kai a 42 ans.

Expatrié depuis des années, il tient le coup.

Pas de crise visible.

Pas de burn-out.

Mais tout s’est aplati.

Les jours se ressemblent.

L’élan s’est évaporé.

La joie s’est éteinte sans bruit.

Dans sa tête, un bourdonnement constant.

Il se surprend à retrouver une sensation perdue : matinée limpide, lumière douce, sérénité.

Ça lui semble loin, mais pas perdu.

En réunion, il capte les tensions avant qu'elles n'explosent.

Dans les cafés, il absorbe l'humeur d'une salle sans pouvoir s'en protéger.

La lueur des écrans lui brûle les yeux, comme si la lumière elle-même lui pesait.

Ses nuits sont hachées, trop courtes.

Un matin, seul dans la cuisine.

La table encore chargée des restes de la veille.

Un rayon blême traverse la pièce.

Pas un bruit.

Juste lui, planté là.

Ce moment suspendu n'a rien de spectaculaire.

Mais il est vrai.

Comme une alerte douce : il faut revenir à l'essentiel.

Il ne lui fallait pas plus de courage ni une liste de tâches.

Il lui fallait une base.

Un souffle libre.

Un moyen de revenir à lui-même.

Il imagine la porte d'un endroit différent.

Le verre d'eau est froid contre la peau.

La lumière douce.

L'assiette simple, sans chichis.

Le temps ralentit.

Kai sent tout son être s'accorder à ce rythme.

Pour la première fois depuis longtemps, il rentre chez lui en ayant habité sa journée.

Et cette fois, il sait que tout avait un sens.

CHAPITRE 2

LE POINT DE BASCULE

La naissance d'un geste qui recentre

Je suis longtemps resté persuadé que ma fatigue venait de l'extérieur : les départs répétés, les contextes instables, les chambres où je posais mes affaires sans jamais vraiment m'y sentir. Chaque nouvel environnement portait la promesse d'un apaisement – et chaque fois, rien ne tenait.

J'avais construit ma vie sur l'adaptation. M'adapter à tout, partout, tout le temps. Mais jamais à moi.

Il n'y avait aucune structure intérieure. Aucune cadence personnelle. Un système nerveux toujours ouvert, jamais soutenu. Un organisme en veille permanente, mais sans socle.

Ce manque n'était pas spectaculaire. Il avançait lentement, méthodiquement, comme une fuite silencieuse qui imbibe la charpente sans qu'on la voie vraiment.

Dans mon métier, une autre évidence se dessinait. La restauration collective militaire repose sur un principe clair : nourrir vite, beaucoup, efficacement. Un flux précis. Une mécanique pensée pour tenir. Mais rarement pour rétablir.

Des plats solides, fonctionnels, calibrés. Beaucoup d'énergie brute, très peu d'énergie vivante. Peu de couleurs. Peu de fraîcheur qui réveille. Peu de matière qui soutient réellement.

Rien de critiquable : le système remplit sa mission. Mais à force d'y travailler, un constat s'est imposé avec une netteté presque froide : nous remplissons les corps sans réellement les alimenter.

Et je faisais la même chose avec moi. Je tenais. Je fonctionnais. Mais je ne me régénérais plus.

Un jour, la tension interne a cédé. Pas un effondrement spectaculaire : plutôt une ligne qui se brise d'un coup, sans prévenir. J'ai compris que si je voulais rester debout, il me fallait un geste qui me replace – immédiatement – dans quelque chose de clair.

Pas un programme.

Pas un objectif.

Pas une nouvelle méthode.

Un geste.

Un acte irréfutable, concret, qui ne dépend ni d'un pays, ni d'un rythme de travail, ni d'un état émotionnel. Un geste capable de me ramener à moi en quelques minutes, même au milieu du chaos.

Ce geste, je l'ai trouvé dans ce que j'amenais à mon corps.

Pas la cuisine technique.

Pas la nutrition théorique.

Un principe plus simple, presque brut :

le vivant rétablit ce que le mort éteint.

Quand j'introduisais du frais, du croquant, de l'hydratant, quelque chose se remettait en ordre. La tête s'apaisait. Les pensées se rangeaient. La respiration descendait. Mon corps reconnaissait ce qui n'avait pas été dénaturé avant d'arriver dans l'assiette.

Ce n'était pas une illumination mystique.

C'était un constat physique.

Indiscutable.

À partir de là, une idée s'est dessinée : si je voulais sortir de mes vagues internes, il me fallait ancrer un acte simple, répétable, stable. Un geste qui ne demande ni contexte idéal, ni motivation, ni volonté héroïque. Un geste qui me recentre – même les jours où tout vacille.

Ce point de bascule, c'est lui.

Pas encore une méthode.

Pas encore une structure.

Juste cette première ligne claire :

le corps sait.

Et si je l'écoute, il me ramène exactement là où je n'avais jamais su aller seul.

CHAPITRE 3

NAISSANCE DES TROIS GESTES

Alléger. Aligner. Apaiser.

À partir du moment où j'ai compris que mon corps savait avant moi, tout est devenu plus clair. Pas plus simple, mais plus lisible.

Je n'avais plus besoin de m'inventer des théories ou de courir après des changements spectaculaires.

Il suffisait d'observer ce qui se passait à l'intérieur quand j'introduisais quelque chose de vivant.

Le corps répond immédiatement.

Toujours.

Sans mensonge.

Sans délai.

En écoutant ces réponses, trois directions sont apparues.

Pas des concepts.

Pas des techniques.

De véritables corrections internes.

Trois manières de stabiliser ce qui vacillait en moi.

La première était évidente : il fallait alléger.

Quand tout saturait – mental, digestion, émotions –, le corps devenait dense, lent, bruyant.

Le vivant, dans sa forme la plus simple, avait un effet immédiat : il enlève le poids inutile.

Il crée l'atmosphère.

Il redonne du souffle.

Il ramène vers le bas du corps.

Ce geste est devenu RESET.

La deuxième direction était plus subtile : aligner.

Ne pas se concentrer par volonté.

S'aligner par clarté.

Quand je mangeais vivant, mais structuré – avec des textures qui tiennent, des couleurs denses, une logique interne –, l'esprit se rangeait.

Les pensées s'organisaient.

La dispersion cessait.

Ce geste est devenu FOCUS.

La troisième direction avait la douceur que je n'avais jamais su m'accorder : apaiser.

Quand tout débordait – nerfs, agitation, tension interne –, le vivant pouvait aussi être rond, tendre, enveloppant.

Il ne stimulait pas : il calmait.

Il ramenait vers la peau, vers la respiration, vers une forme de lenteur consciente.

Ce geste est devenu SOUL.

RESET, FOCUS et SOUL ne sont pas des recettes.

Ce sont des structures.

Des réponses internes à trois états précis.

Un moyen de retrouver un axe quand l'environnement s'effondre ou se disperse.

Peu importe le pays où je vivais.

Peu importe le rythme.

Peu importe les nuits brisées, les journées trop longues, ou la fatigue accumulée :

ces trois gestes tenaient toujours.

RESET pour enlever.

FOCUS pour canaliser.

SOUL pour adoucir.

Simple.

Répétable.

Stable.

Les box sont nées ainsi.

Comme une architecture intérieure qui a trouvé sa forme extérieure.

Trois manières de se replacer, de respirer, de revenir à soi – même quand le monde autour impose une vitesse que le corps n'a plus la force de suivre.

Elles ne cherchent pas la performance.

Elles cherchent la justesse.

Celle qui m'a manqué pendant des années.

Celle que j'ai enfin commencé à reconstruire, un geste vivant après l'autre.

CHAPITRE 4

LA BOX RESET

Le souffle fondateur

Il n'y a pas de construction durable sans nettoyage préalable.

La fondation commence ici – dans la quiétude qui déleste.

Une vie alignée réclame la liberté.

Les couches d'épuisement se dissipent, laissent place à l'essentiel.

Une base simple, ancrée dans le réel : faire de la place, physiquement et mentalement.

Le socle du sanctuaire

J'ai compris qu'on n'avance pas tant que les gravats restent.

Le bruit, le superflu, les fuites d'énergie – tout ce qui alourdit sans qu'on s'en rende compte.

RESET marque l'instant où on libère.

Un socle invisible qui réinstalle la vérité.

Une pratique ancrée dans le quotidien, loin des théories figées.

Les sollicitations s'enchaînent, les mails s'accumulent, les responsabilités se chevauchent.

Les pensées tournent, et l'énergie se fragmente.

Chaque tâche entamée disperse un peu plus l'attention.

RESET t'offre un instant suspendu : un moment que tu oublies souvent de t'accorder.

Non pour fuir, mais pour reprendre l'axe intérieur.

Une coupure brève, volontaire, qui rend la lucidité – un souffle avant de replonger dans l'action.

Libérer le vide

Pensée pour relancer la journée, elle efface le bruit et libère la place.

Ingrédients nets, digestes, rapides à assimiler.

Couleurs franches qui éveillent les sens.

Portions généreuses qui allègent sans priver.

Assaisonnement précis, sans surcharge.

Rafraîchit le corps et l'esprit.

Départ clair, prêt à accueillir ce qui vient.

RESET agit comme un protocole de nettoyage : tu repars avec la liberté nécessaire pour construire.

Des micro-gestes vident la tête, recréent de la joie, presque sans effort.

Ils créent la première zone libre : celle du vide utile.

Vision de fondateur

Ce n'est pas une idée, c'est un modèle reproductible.

Chaque élément suit le même principe : alléger.

Une lumière maîtrisée, un tempo précis, une respiration constante.

Une structure duplicable à Lisbonne, Da Nang, ou Tokyo.

Le protocole devient une signature.

L'allégement n'est plus un effet : c'est une méthode.

L'instant clair

Dès qu'on franchit la porte, l'air change.

Une clarté diffuse glisse sur le bois, les plantes diffusent une fraîcheur liquide.

Rien n'agresse : tout nettoie.

Le décor respire la beauté, le service avance avec fluidité.

Sans même manger, on se sent déjà plus léger.

L'agencement lave le bruit intérieur, comme une pluie sur les nerfs.

Ce n'est pas un restaurant : c'est une remise à zéro subtile.

Un soulagement immédiat – la tête s'ouvre, le corps s'aligne.

Signature sensorielle – RESET

Les rubans frais ouvrent les sens.

Les jeunes pousses insufflent un regain discret d'énergie.

La crème onctueuse installe la sécurité.

Les pickles réveillent.

Les graines toastées posent le socle.

Le citron illumine la fin de bouche.

Quelque chose se détache, comme un voile qui lâche.

Le corps reprend juste sa place.

Crudités croquantes.

Graines germées encore pleines d'eau.

Notes citron-gingembre pour relancer.

Textures fraîches qui délestent et éclaircissent.

RESET agit lorsque la chaleur interne monte, lorsque la digestion ralentit, lorsque le système sature.

Il fait redescendre la charge et rouvre l'espace intérieur.

☐ KÕRABOX™ — Harmonie & Recentrage

- Riz noir tiède citronné
- Rubans de courgette, jeunes pousses (roquette, aneth)
- Radis blanc mariné, tranche de citron grillé
- Graines de courge, zeste de citron fin
- Tahini-citron en saucière blanche
- Jus vert (pomme, céleri, épinard)
- Effet : digestion légère, fraîcheur immédiate, recentrage doux.

RESET incarne l'ouverture – l'instant où tout peut recommencer autrement.

CHAPITRE 5

LA BOX FOCUS

La ligne de force

Après l'allégement vient le mouvement.

L'énergie libérée cherche sa direction.

J'ai connu les repas avalés trop vite, entre deux tâches ou deux vols : pas lourds, pas mauvais – juste vides.

Après RESET, je voulais retrouver ce basculement simple où l'être reprend son axe et consent à repartir.

Sur les bases africaines, je voyais des hommes tenir des semaines entières grâce à une routine stricte.

Moi, civil au centre, je me dispersais vite.

J'ai compris : sans cap juste, l'énergie s'évapore.

Le recentrage

Canaliser plutôt que disperser.

Faire moins, mais mieux.

Dans un monde saturé, la concentration devient une ressource rare.

Ce n'est pas une question de contrôle, mais de cohérence.

Un instant de lucidité suffit à redresser le regard.

Une mise au point volontaire, brève, qui ramène l'étincelle.

Le lieu du calme actif

Le mobilier ancré, les lignes tendues, la lumière mate et directe.

Chaque détail respire la maîtrise et l'intention.

Plats nets, structurés – zéro superflu.

Le personnel agit sans précipitation, mais avec exactitude.

Tout ici maintient la tension juste.

On ne s'y repose pas : on s'y aligne.

On ressort centré, décidé, clair.

Le corps est stable, le mental lucide.

Vision de fondateur

Ce protocole n'est pas instinctif.

Il s'est construit sur le terrain, par rigueur et observation.

Même stabilité de proportions, même cadence, même sérénité d'exécution.

Ce n'est pas de la standardisation, c'est une grammaire sensorielle.

Le but n'est pas d'imiter, mais de reproduire la sensation de forme.

Signature sensorielle

Les lentilles tièdes installent le socle.

Les herbes fines ouvrent les voies.

Les crudités colorées éclaircissent la pensée.

La crème d'avocat adoucit les transitions.

Les graines et le gomasio ferment la boucle, points d'ancrage discrets.

La matière s'aligne d'elle-même.

On sent la pensée suivre le mouvement.

Une base céréalière organique et tenue.

Céréales complètes.

Légumes vapeur travaillés en douceur.

Oléagineux.

Sauce sésame-miso, dense, mais précise.

FOCUS agit lorsque l'énergie se disperse ou se fragmente.

Il rassemble, concentre, stabilise sans alourdir.

⊙ KÕRABOX™ – Équilibre & Direction

 Lentilles vertes tièdes au cumin et citron

 Jeunes épinards, persil plat, menthe douce

 Chou rouge citron-gingembre, carottes fines

 Crème avocat-sésame en saucière blanche

 Gomasio noir, graines de lin et de sésame

 Matcha latte doux

 Effet : énergie stable, vigilance fluide, éclat durable.

Tout ici tend vers la précision.

Rien n'est figé, rien n'est flou.

FOCUS incarne la direction – l'état où chaque énergie retrouve son usage juste. C'est un atelier de concentration lente – une lueur en mouvement.

CHAPITRE 6

LA BOX SOUL

Le refuge intérieur

Je pense à ces soirs en Thaïlande, après l'entraînement.

Les jambes lourdes, le cœur encore rapide, mais l'esprit apaisé.

Il n'y avait que deux choses qui calmaient : un plat chaud simple et le recueillement.

C'était déjà la graine de SOUL.

Quand tout s'agite, que les repères s'effacent, il reste ce besoin de se retrouver.

Non pour fuir, mais se rassembler.

Un moment où l'on cesse de porter tout seul.

L'apaisement

Les émotions fluctuent, les pensées s'éparpillent.

On s'assoit – tout se replace.

Le souffle descend, le corps suit.

L'air devient dense, presque tiède.

Ne rien forcer, laisser l'esprit retomber.

Ce n'est pas une pause.

C'est un retour.

L'atmosphère chaude

La lumière baisse d'un ton.

Les sons se déposent.

L'odeur du bois chaud et des herbes remplit la pièce.

Les plats arrivent dans un tempo lent, les voix se font plus basses.

Tout ici a été pensé pour adoucir sans alourdir.

La tiédeur s'installe, douce, continue.

Le corps suit, le souffle s'apaise.

Vision de fondateur

Ce module est né pour durer.

Même balance de textures, même lenteur mesurée, mêmes contrastes discrets.

Une méthode de restauration nerveuse, fidèle dans chaque environnement.

Ce n'est pas une décoration : c'est une présence.

La continuité crée la confiance – température, cadence, densité de l'unité.

C'est une tenue intérieure, pas un concept.

Signature sensorielle – SOUL

Les racines tièdes offrent une profondeur terrestre.

Les feuilles tendres ouvrent la respiration.

La crème végétale enveloppe, comme une main sur l'épaule.

Les pickles adoucissent, puis réveillent.

Les zestes et le gingembre ferment la boucle, discrets mais nets.

La chaleur s'installe lentement, puis tout devient calme.

Rien à ajouter, tout est déjà là.

Légumes racines rôtis.

Purées lisses.

Herbes fraîches.

Sauce tamarin douce.

Textures tièdes, enveloppantes.

SOUL agit lorsque l'intérieur déborde où se fragilise.

Il ralentit, adoucit, ramène au centre.

○ KÕRABOX™ – Intériorité & Élévation

Tartare tiède de panais, betterave jaune, patate douce crue

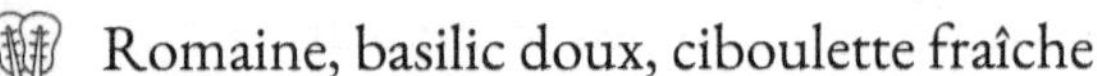
Romaine, basilic doux, ciboulette fraîche

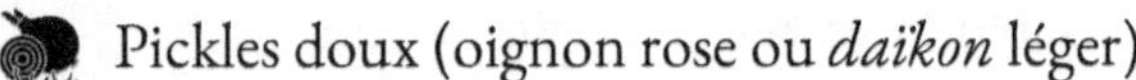
Pickles doux (oignon rose ou *daïkon* léger)

Fleurs comestibles, zeste d'orange, poudre de gingembre

Crème cajou-citron en saucière blanche

Infusion dorée curcuma-gingembre

Effet : stabilité sensorielle, émotion douce, sérénité profonde.

L'expérience

Ici, tout invite à ralentir.

Les gestes sont simples, les sons mats, la chaleur juste.

On retrouve une présence qui n'est pas inertie, mais harmonie.

Quand on repart, rien n'a changé autour –

c'est à l'intérieur que tout s'est aligné.

SOUL incarne la régénération –
le moment où le corps et l'esprit
respirent à la même vitesse.

TÉMOIGNAGE — ANA, 38 ANS (DA NANG)

Nomade digitale

« J'arrivais à Da Nang après six mois d'épuisement silencieux.

Je dormais quatre heures.

Je mangeais des nouilles à deux heures du matin.

Je tenais à peine.

Un matin, j'ai croisé Davy.

Il m'a parlé de jus frais, vivants,

non pas pour guérir, mais pour ressentir.

Un alignement simple, une alimentation vivante, une présence.

Le tout dans un lieu discret, accueillant, sans jugement,

où chacun trouve sa place.

J'ai commencé chez moi :
un jus le matin,
un repas épuré,
dix minutes sans écran.

Trois semaines plus tard,
je dormais six heures.
Je retrouvais de la paix.
Je revivais.

Aujourd'hui, je répète cette action chaque jour.
Je n'attends plus un ailleurs.
Je le porte en moi.

KŌRABOX™ est un bercement, pas une adresse.

Ana suit cette hygiène de vie depuis quatre mois.

Quand l'intérieur retrouve sa cadence,
il devient naturel de chercher
l'espace qui l'accompagne. »

CHAPITRE 7

L'EXPÉRIENCE

À l'entrée

Tu franchis la porte.

Pas de bruit, pas d'annonce.

Juste un changement d'air – discret, mais immédiat.

La lumière n'éclaire pas : elle adoucit.

Un bois clair absorbe les angles, retient le monde extérieur avant qu'il ne t'atteigne.

Tout est bas, stable, comme si la pièce respirait plus lentement que toi.

L'air est net, presque silencieux.

Une fraîcheur végétale affleure – discrète, vivante – comme un signe que la cuisine travaille sans excès ni chaleur inutile.

Rien ne tire.

Rien ne sature.

Le sol diffuse un silence feutré sous la semelle.

Ce n'est pas un décor : c'est un tempo.

Ton pas s'y aligne naturellement.

Le regard glisse sans s'accrocher :

une étagère basse, trois pièces de céramique mate, une saucière blanche – rien de plus.

Le vide ne manque pas : il stabilise.

Les épaules descendent d'un millimètre.

La respiration s'approfondit.

Le corps se replace avant même que tu t'en rendes compte.

En trois mètres, ton système nerveux a compris :

ici, rien ne cherche à plaire.

Ici, tout te ramène à l'intérieur.

C'est l'accueil silencieux de KŌRABOX™ –
un environnement qui ne demande rien,
mais réordonne tout.

La table & les assises

La table est simple, lisible.

Un couvert aligné.

Une seule action possible à la fois.

La surface organise le geste sans t'imposer de rythme : elle met ton attention à l'équerre.

Tu t'assieds.

Le bois est stable.

La posture trouve son axe en quelques secondes.

Les assises – hautes, basses, tatami – ont la même intention :

un appui net, une matière mate, aucune mollesse inutile, aucune rigidité sèche.

Le corps reconnaît sans réfléchir.

La conversation baisse d'un demi-ton.

Les bruits du service semblent retenus, comme filtrés.

À gauche, toujours au même endroit, la petite saucière blanche.

Un repère.

Un geste préparé, sans explication.

Tu attends deux respirations.

Le regard se pose.

Le reste suit.

Rien ne distrait.

Rien ne pousse.

Tu es exactement là où tu es.

Manger présent

Ici, rien n'est laissé au hasard.

Pas d'ultra-transformé, pas d'onctueux masqué, pas de douceur artificielle.

Si ton organisme reconnaît, il s'accorde.

C'est la règle.

Tu prends une première bouchée.

Texture nette, énergie droite, accent vif qui éveille la langue, une touche claire en fin de bouche.

Pas d'effet.

Une présence.

Le corps cesse de fuir.

L'esprit suit.

Ce n'est pas une cuisine de performance.

C'est une nourriture de cohérence :

fermement enracinée dans la matière,

immédiatement lisible,

sans surcharge.

Tu finis léger, pas vide.

Ancré, pas ralenti.

Choisir & ajuster

La carte n'oriente pas vers un goût : elle oriente vers un état intérieur.

Trois directions, trois états possibles :

RESET — repartir léger.
FOCUS — tenir la ligne.
SOUL — revenir au centre.

Les noms restent.
La matière change selon les saisons.
L'effet ne change pas.

Tu choisis instinctivement.
Pas par envie : par vérité intérieure.

La carte est courte – volontairement.
Moins de choix, plus de lucidité.

Et parfois, un besoin autre apparaît.

Un décalage léger, une chaleur, une tension.

Alors viennent les contrepoints :

de petits appuis, précis, sans détour.

Chaleur interne ?

Un jus FRAÎCHEUR arrive : court, froid, direct – une remise à zéro liquide.

Besoin de tenue ?

Un toast BRISE ou VAGUE – juste ce qu'il faut pour revenir dans le corps.

Besoin de douceur ou d'un appui tiède ?

Un muffin pomme cannelle, simple, sans excès : une chaleur stable qui rappelle un lieu où l'on s'est senti bien.

Ici, rien n'est un dessert.

Rien n'est un « à-côté ».

Ce sont des corrections fines –

des micro-gestes qui stabilisent

sans détourner du rituel principal.

Le rituel intérieur

Approcher la composition comme on approche un espace clair.

Prendre un instant pour en lire les couleurs, les textures, les directions.

Choisir l'ordre.

Mastiquer jusqu'à perdre les angles.

Observer deux pauses.

Finir léger.

La cadence se met en place d'elle-même.

À force, ce rituel cesse d'être un geste

pour devenir une respiration.

Chaque bouchée mesure.

Chaque pause recentre.

Chaque détail ramène.

Cette micro-pratique suit partout –
dans n'importe quel pays,
à n'importe quelle heure.

Le lieu n'est pas essentiel :
la structure suffit.

Trois gestes.
Trois respirations.
Trois éclairages d'une même journée.

RESET pour délester.
FOCUS pour aligner.
SOUL pour apaiser.

Ce ne sont pas des plats.
Ce sont des états.
Des boussoles intérieures.

Tu choisis selon ce qui t'appelle,
pas selon l'envie du moment.

La cohérence apparaît
quand le corps cesse de résister
et commence enfin à écouter.

Et sans bruit,
une ligne intérieure se redresse.
Le corps se rassemble.

Le rituel commence ici.

CHAPITRE 8

L'ÉVEIL INVISIBLE

De la poussière à la lumière

Pendant des années, j'ai porté la poussière du Tchad dans les poumons et l'odeur métallique des cantines sur la peau.

Même manger était devenu une corvée.

Un matin, à Da Nang, j'ai pressé un jus de pomme verte et de menthe.

La fraîcheur a claqué comme une gifle douce : ce n'était plus un verre, mais un nettoyage net, immédiat.

Un autre matin, en mêlant des grains anciens encore tièdes, mes mains ont tremblé.

L'énergie s'est canalisée, comme un fleuve retrouvant son lit.

Puis une racine rôtie, parfumée d'herbes, a réveillé ce qui s'était tu : la présence.

La vision prend forme

Ce geste n'était plus un refuge ; il est devenu vision.

Une étincelle à transmettre, sans l'amplifier.

Pas une recette miracle, pas un business froid – un sanctuaire.

Un endroit où les âmes épuisées trouvent un élan.

KŌRABOX™ : un phare.

Peut-être à Da Nang, peut-être ailleurs.

Pas un empire, mais des racines invisibles reliant voyageurs fatigués et créatifs éparpillés – un réseau d'alignement.

Si tu es encore là, relis tes trois mots du début.

Ont-ils changé ? Ont-ils pris une couleur nouvelle ?

Alors tu comprends : je ne suis qu'un homme qui a fait de ses failles une base solide.

Le rêve organisé

Dans ma tête, une usine sans pause. J'imagine la tenue, le flux, la lumière.

Tout s'ordonne déjà : simple, net, utilisable.

J'imagine la tenue – simple, universelle, en lin léger.

Les menus : un croquant qui surprend, une onctuosité qui apaise, des saveurs qui s'accordent sans heurt.

Je visualise mentalement la cuisine : optimisée, claire, respirante.

Les postes, les flux, les rôles – tout se structure déjà en interne.

Le décor s'impose : Japandi, textures douces, bois brut.

Parfois, au lieu d'un café, j'imagine un centre entier :

un espace où l'on vient pour un jus à l'aube, où l'on déroule son tapis, puis où l'on s'assoit pour une expérience éveillée.

Je vois déjà le client :

celui qui vient pour un jus et repart allégé,

celui qui découvre qu'un repas peut canaliser au lieu de disperser,

celui qui vit les trois rituels : RESET le matin, FOCUS le midi, SOUL le soir.

Tout cela, je le vis déjà – comme si ça existait,

comme si les clients étaient déjà là.

L'architecture vivante

De cette anticipation naît une évidence :

si le lieu doit exister, il doit se déployer sans perdre sa ligne.

Pas comme une chaîne, mais comme une respiration commune.

Chaque implantation exprimera la même grammaire :

stabilité, lumière, fluidité.

RESET, FOCUS, SOUL — non comme slogans, mais comme lois physiques.

Ce n'est pas une franchise ; c'est un modèle respirant.

Tout doit être consigné : gestes, couleurs, typographies, protocoles, playlists, manière de couper une racine.

Un *brand book* comme plan directeur.

Un *training program* « 48 h immersives RESET/FOCUS/SOUL » – apprendre la respiration avant d'en porter la forme.

Ainsi, chaque ville adaptera sa matière sans perdre la trame : Tokyo – temple du rythme zen, silence maîtrisé, gestuelle lente ; Lisbonne – maison d'hygiène sensorielle, air atlantique, douceur minérale ; Los Angeles – havre de régénération climatique, fraîcheur contrôlée en milieu urbain, respiration stable dans le flux.

Le modèle est simple : il n'impose rien, il aligne.

Le bâtisseur intérieur

Cette force est aussi une charge.

Ce livre fixe le tourbillon pour le rendre lisible – et enfin transmissible.

Certains me demandent :

« Avec tout ce que tu sais, pourquoi n'es-tu pas encore là où tu devrais être ? »

D'autres sourient :

« Tu es un fou furieux. »

Je sais surtout une chose : je ne peux plus porter tout cela comme avant.

Il me faut une fondation solide, des ressources concrètes pour faire naître la première pierre.

non pour le prestige, mais pour la cohérence.

Je suis exigeant.

Il me faut une structure qui supporte l'ampleur de la vision sans l'étouffer.

Voilà qui je suis :

Un créateur introverti, obsédé par la justesse, qui choisit enfin d'exposer son plan au lieu de le garder en coulisses.

Me taire n'est plus une option.

Ce livre est mon premier chantier visible.

RESET YOUR STRUCTURE. FEEL ALIVE.
MOVE LIGHT.

CHAPITRE 9

L'ESPACE QUE JE N'AI JAMAIS TROUVÉ

Je n'ai jamais su expliquer d'où venait cette sensation de décalage.

Ce moment où tout le monde semble parfaitement installé quelque part...

et où moi, je ressens au contraire un manque.

Une tension.

Un trop-plein intérieur.

Pendant longtemps, j'ai cru que c'était une faiblesse.

Cette manière d'absorber trop vite, trop fort, trop intensément :

les bruits secs,

la lumière trop blanche,

les attitudes trop brusques,

le désordre invisible aux yeux des autres.

Je ne savais pas encore que ce fût mon radar.

Le seul outil qui m'avait accompagné dans chaque pays,

dans chaque mission,

dans chaque zone instable où rien ne tient en place.

J'ai travaillé dans des environnements où le chaos est la norme.

Où l'on garde la tête froide alors que le corps s'effrite.

Où la fatigue devient un vêtement.

Où l'on dort juste assez pour recommencer.

Où personne ne demande comment tu tiens.

Dans ces contextes-là,

on ne cherche pas la paix :

on cherche simplement à rester humain.

Et pourtant, chaque fois qu'un instant de silence apparaissait, même minuscule,

je revenais toujours à la même idée :

« Il me faudrait un endroit. »

Un endroit où je pourrais poser tout ce que je porte,

sans me justifier.

Un endroit où la respiration ne serait plus un mécanisme de survie.

Un endroit où la fatigue aurait enfin le droit d'exister.

Je ne l'ai jamais trouvé.

Alors j'ai commencé à le concevoir sans même m'en rendre compte.

Pas comme un projet.

Pas comme un rêve.

Comme un besoin.

Au début, il n'y avait que cela :

un besoin d'alignement.

Un périmètre où le corps pourrait relâcher sans s'effondrer,

où l'esprit pourrait ralentir sans se perdre,

où le souffle pourrait redevenir naturel.

Puis les éléments sont venus.

Pas comme des pièces séparées,

mais comme des continuités d'une même évidence.

Une alimentation simple.

Précise.

Vivante.

Pas *healthy,* juste, clair.

Un mouvement lent, structurant.

Yoga, pilates, renforcements subtils –

pas pour performer,

mais pour retrouver son axe intérieur.

Un havre de paix silencieux où l'on peut se retirer.

Une chambre minimaliste.

Une pause vraie.

Une cuisine calme, pensée comme un cœur régulier,

avec des gestes qui n'agressent jamais l'espace.

Des matières apaisantes :

du bois clair,

des lignes sobres,

du blanc soufflé,

un linge écru,

une mini-saucière en porcelaine mate –

le détail qui finalise un plat comme un souffle discret.

Je n'inventais rien.

Je rassemblais ce qui m'avait manqué.

Beaucoup créent des restaurants.

D'autres créent des studios.

D'autres ouvrent des zones de repos.

Moi, je ne sais pas séparer.

Corps, esprit, assiette, repos, lumière, silence : rien ne fonctionne séparément.

Si l'un manque, tout se désaccorde.

Alors KŌRABOX™ est devenu un organisme.

Une respiration continue.

Un écosystème.

Une salle où l'on mange pour s'ancrer.

Un espace de mouvement où l'on réorganise son corps.

Un seuil où le corps cesse enfin de se tenir.

Une cuisine qui suit le calme intérieur.

Une atmosphère qui rassemble tout ce que le monde disperse.

Et même les objets ont fini par trouver leur place dans cette logique.

Pas comme des produits à vendre.

Pas comme une boutique.

Mais comme une prolongation du lieu :

quelques pièces essentielles, sobres, en bois ou en porcelaine mate,

à emporter comme on emporte un rappel –

un petit talisman de douceur pour continuer la respiration dehors.

Ce que je n'avais jamais admis avant,

c'est que j'ai construit tout cela dans la solitude.

J'ai pensé seul.

Imaginé seul.

Porté seul.

Structuré seul, patiemment.

Observé en silence.

Cherché une cohérence que je n'ai jamais trouvée ailleurs.

Cette solitude n'a jamais été une plainte.

Elle a été une force.

Elle m'a obligé à créer l'environnement que personne n'a su me donner.

Et si aujourd'hui je suis exigeant –

sur la lumière,

sur un geste,

sur un tissu,

sur le calme d'une salle,

sur la hauteur d'un tabouret,

sur le poids d'un objet –

ce n'est pas pour tout contrôler.

C'est parce que je ressens avant de penser.

Parce que mon hypersensibilité est ma structure interne.

Celle qui rend KŌRABOX™ possible.

Je ne sais pas si ce que je construis changera des vies.

Mais il en répare déjà une : la mienne.

Je ne vois pas un concept,

ni une marque,

ni un business.

Je vois ce qui m'aurait sauvé autrefois.

Je vois une réponse au bruit.

Je vois une manière d'offrir ce que j'ai longtemps cherché.

Pour celui qui entrera un jour

Il y a quelqu'un d'autre.

Je ne connais pas son nom.

Ni son âge.

Ni son histoire.

Je ne sais pas ce qu'il aura vécu.

Mais je sais qu'il existera.

Je l'imagine entrer avec cette retenue que je reconnais trop bien,

comme si franchir une porte était déjà une épreuve.

Je vois cette fatigue silencieuse,

celle qui pèse plus dans les épaules que dans les yeux.

Je sais ce qu'il cherche.

Parce que je l'ai cherché toute ma vie.

Un repas lent.

Un souffle plus profond.

Un mouvement qui remet dans l'axe.

Un silence qui tient sans peser.
Et peut-être un objet simple à emporter,
comme on emporte une promesse de revenir vers soi.

Si cet inconnu repart un peu plus rassemblé,
alors rien de tout cela n'aura été vain.

KŌRABOX™ n'est pas seulement mon lieu.
Il est pour celui qui viendra
quand il ne saura plus où aller.

POSTFACE

Cher lecteur,

Ce livre n'est pas né d'une ambition.

Il est né d'une nécessité : remettre de la clarté et une direction là où il n'y en avait plus.

Transformer des années d'accumulation – travail, fatigue, silence – en quelque chose de simple, précis et vivant.

De cette tension est né KŌRABOX™.

Non pas un projet démesuré, mais un antidote.

RESET pour délester.

FOCUS pour aligner.

SOUL pour revenir à l'essentiel.

Si tu es encore là, c'est que quelque chose a trouvé un écho :

un apaisement, une direction, une reconnaissance – peut-être discrète, mais réelle.

J'ai longtemps gardé ces visions en moi.

Aujourd'hui, je les structure.

Je les rends concrètes.

La suite demandera des alliés :

des mains stables, des esprits capables de voir au-delà de la surface.

Pas pour bâtir un empire.

Pour bâtir juste, clair, vivant.

Si quelque chose doit s'incarner un jour,

ce sera comme ce livre : un élan intérieur, sans éclat.

Et si quelque chose résonne encore,

tu sauras où me trouver.

Fais une pause ici.

Respire un instant avant d'avancer plus loin.

Tout ce que tu cherches est déjà là :

dans ta manière d'avancer, lentement, clairement, lucidement.

Le reste – les rencontres, les gestes, les espaces – viendra au moment juste.

Ce livre n'est pas une fin.

C'est le plan.

Davy Bernet

Da Nang, 2025

contact@korabox.co

www.korabox.co

ÉPILOGUE

L'ÉLAN PARTAGÉ

Reviens à tes trois mots du début.

Tu ne les lis plus avec les mêmes yeux.

Si quelque chose a bougé en toi,
le mouvement est déjà là.

Si le cœur t'en dit,
un message suffit.

contact@korabox.co

Merci d'avoir marché avec moi.
Jusqu'à la fin de ce chemin.

Davy

MODÈLE OPÉRATIONNEL

Cette annexe présente l'ossature fondatrice du concept : non pas un business plan, mais la structure minimale d'un espace possible – un cadre clair, sobre et reproductible.

1. La signature du concept

Il naît là où la lumière, le volume et le calme intérieur se rencontrent – un ancrage encore à définir, mais déjà lisible dans ses principes.

Surface : 50 à 60 m^2

Un agencement maîtrisé, pensé pour limiter la saturation visuelle et acoustique.

Concept : 80 % sans cuisson, flux à froid reproductible

Recettes standardisées, préparations majoritairement froides, maîtrise des textures et des couleurs.

L'objectif : constance, fraîcheur et simplicité technique.

Cadence visée : 30 à 35 couverts/jour

Un volume volontairement limité, garantissant la précision du geste et la qualité du service.

KŌRABOX™ propose une alimentation vivante, structurée, pensée comme un rituel plus que comme une consommation rapide.

2. Publics visés & besoins principaux

Le concept s'adresse en priorité à celles et ceux qui recherchent un cadre clair, apaisant et fiable.

Public principal	Besoin clé
Expatriés installés	Ancrage stable dans un quotidien fluctuant
Habitants de la ville	Un lieu calme pour un repas léger et régulier
Hypersensibles et créatifs	Un environnement non stimulant, centré et mesuré
Nomades digitaux	Repères stables, repas structurants
Touristes conscients	Une expérience locale simple et non touristique

Le positionnement est celui d'un niveau haut de gamme accessible :

une restauration consciente, courte, précise.

3. Modèle opérationnel

Le modèle repose sur une organisation compacte, claire et reproductible.

Principes clés

- Préparations majoritairement froides
- Carte courte articulée autour des modules RESET • FOCUS • SOUL
- Standardisation pour assurer constance et maîtrise des coûts
- Travail sur les textures, les couleurs, les bases et les pickles doux
- Recettes adaptables aux marchés locaux, sans changer la structure

Flux

- Mise en place le matin (bases végétales, pickles, textures)
- Pressage des jus en continu à partir des ingrédients préparés
- Assemblage des box à la minute, selon un protocole précis
- Service fluide, sans agitation
- L'exploitation repose sur un rythme lent, stable et sans surcharge opérationnelle.

4. Organisation du personnel (modèle 2 — 1 — 1)

Cuisine – 2 personnes

Rôle : préparation + répétabilité + assemblage

- Découpes, bases, pickles, textures
- Préparation des ingrédients destinés au bar
- Assemblage précis des box RESET · FOCUS · SOUL
- Hygiène, contrôle, rigueur
- Gestion du stock alimentaire

Bar (liquides & accueil) – 1 personne

Rôle : jus + boissons + orientation client

- Pressage des jus à froid
- Infusions et boissons simples
- Service des jus sur place et à emporter
- Explication claire des 3 modules
- Paiement, premier contact client

Salle – 1 personne

Rôle : service + cadence

- Service des box et boissons
- Renouvellement des tables
- Nettoyage discret
- Gestion du rythme et du calme en salle

Fondateur

Rôle : supervision conceptuelle, qualité, mise à jour du protocole.

Présence non indispensable au service quotidien.

5. Structure financière (modèle réaliste)

Hypothèses structurantes :

- 50-60 m^2
- Ticket moyen cible : 20 à 22 €
- Carte courte, principalement à froid
- Équipe de 4 personnes modulable
- Loyer visé : 8 à 10 % du CA
- CAPEX initial contrôlé (équipements froids + mobilier minimaliste), base de référence : ≈ 100 k€

Ratios cibles :

- Coût matières : 24-28 %
- Masse salariale : 28-34 %
- Frais fixes : 14 à 18 %
- EBITDA cible : 8 à 14 %
- Marge nette : 4 à 10 %
- ROI cible : 40 % à 3 ans

Ce modèle privilégie la marge, la régularité et la maîtrise plutôt que le volume.

6. Projection à 3 ans (à partir de l'ouverture)

Année	CA estimé	Bénéfice net	Marge	ROI cumulé
Année 1	160 k€	6 k€	4 %	—
Année 2	185 k€	13 k€	7 %	+ 19 %
Année 3	210 k€	21 k€	10 %	+ 40 %

La progression se lit comme une montée en maturité, pas comme une promesse commerciale.

7. Logique d'expansion

L'implantation n'a pas vocation à devenir une chaîne massive, mais un réseau mesuré.

Le déploiement suit une logique simple :

Phase 1 – Validation

- Stabilisation du premier site
- Ajustements du protocole
- Observation de la récurrence et de la cadence

Phase 2 – Duplication maîtrisée

- Ouverture d'une deuxième unité dans un environnement compatible
- Transmission exacte des flux et du protocole
- Développement de formats à emporter (jus, infusions, *snacks*)

Phase 3 – Réseau minimal

- Développement possible de plusieurs implantations, uniquement si chaque ouverture reste fidèle à l'identité
- Préservation d'une signature stricte : lumière, espace, vivant, calme
- Expansion maîtrisée : pas de croissance qui dilue l'expérience

La priorité reste la cohérence, pas la multiplication pour elle-même

GESTES & SOUFFLES

Introduction des repères

Ces repères sont un prolongement naturel du livre.

Une mise en pratique douce, durable, immédiate.

Imprime-les.

Affiche-les.

Glisse-les dans ton carnet.

Ou laisse-les simplement t'inspirer, sans contrainte.

Tu n'as rien à prouver.

Seulement à revenir à toi, chaque jour.

Geste RESET – Hebdomadaire (Nettoyer le chemin)

Trois choses à lâcher cette semaine :

...

...

...

Élément évolutif testé cette semaine (tisane, respiration, méditation guidée, désencombrement...) :

→...

Sensation ressentie après **RESET** (pureté, clarté, vide fertile...) :

→...

Vider n'est pas perdre, c'est préparer.

Geste FOCUS — Quotidien (Canaliser l'énergie)

Intention du jour :

→...

- Durée du bloc focus prévu :

→.......................... min

- Outil utilisé (timer, carnet, sablier...) :

→...

- Satisfaction ressentie (de 1 à 5) :

→☐ 1 ☐ 2 ☐ 3 ☐ 4 ☐ 5

Faire moins. Ressentir plus. Tenir juste.

Geste SOUL – Connexion intérieure (Nourrir la présence)

Gratitude du jour :

→...

- Mantra personnel du jour :

→ « Je suis ancré dans l'axe »

- Élément sensoriel ressenti (son, lumière, toucher...) :

→...

L'âme circule dans les gestes simples.

Bonus Moments — Le rythme du soir et de la semaine

Ces moments prolongent l'expérience.

Ils t'aident à entretenir un tempo posé, stable et pétillant, chaque soir et chaque semaine.

Moment du soir – Ralentir en paix

Objectif : préparer le mental au repos, en douceur.

Déconnecter (20 à 30 min avant le sommeil)

Éteindre les écrans.

Clore consciemment la journée.

Apaiser (hygiène & soin)

Douche tiède, gestes lents.

Huile, crème ou eau chaude sur le visage.

Se déposer (10 min pour soi)

Lecture paisible, musique douce, écriture libre.

Laisser le mental s'apaiser.

Ancrer (avant le repos)

Noter une chose dont tu es fier ou reconnaissant.

Se dire intérieurement : « C'est suffisant pour aujourd'hui. »

Souffle de la nuit :

Je n'ai rien à prouver. Je peux maintenant me déposer.

Cycle hebdomadaire — Une composition douce à réactiver

Lundi – RESET

J'écris ce que je choisis de lâcher.

Je nettoie une zone (physique ou numérique).

Je prévois un soir sans écran.

Mercredi – FOCUS

J'épure mes priorités.

J'organise ma journée.

Je m'offre un moment sans distraction.

Vendredi – SOUL

Je marche ou médite 10 min.

Je note 3 gratitudes de la semaine.

Je partage un repas vivant, en conscience.

Les gestes simples sont les fondations solides.

Clôture

« Ces repères ne changent rien à tes gestes.
S’ils te parlent, explore-les.
Sinon, laisse-les passer. »

GLOSSAIRE

KÕRABOX™

—

RESET
Le geste d'allégement. Lâcher, vider, purifier pour recréer un espace respirant – dans le corps, le mental et l'environnement.

FOCUS
La direction consciente. Canaliser l'énergie dans une intention mesurable, fermer les fuites, agir avec cohérence.

SOUL
La présence incarnée. Ouvrir le ressenti, nourrir la gratitude, revenir à l'équilibre entre force et douceur.

MANTRA
Formule d'ancrage : *Reset your structure. Feel alive. Move light.*
Un repère pour se recentrer lorsque tout s'éparpille.

SOUFFLE
Lien invisible entre pensée, geste et rythme intérieur. L'oxygène symbolique du quotidien.

RITUEL STRUCTURANT

Suite de gestes simples et répétés, qui transforment l'ordinaire en discipline vivante – sans rigidité ni dogme.

ENFANT INTÉRIEUR

La part sensible et fragile qui cherche limites, écoute et stabilité pour cesser la suradaptation.

BOX RESET

Phase d'allégement : ingrédients frais, hydratants, croquants, pickles doux, céréales légères.
Redescend la charge interne et libère le mental.

BOX FOCUS

Phase d'alignement : bases tièdes structurées, herbes fines, crudités colorées, graines.
Stabilise, concentre et dirige l'énergie.

BOX SOUL

Phase d'apaisement : racines tièdes, feuilles tendres, crème végétale, zestes d'agrumes.
Adoucit, rassemble, ramène au centre.

SANCTUAIRE

Espace physique ou intérieur où la structure apaise.
Lieu de repos, de bois brut et de lumière juste.

HYPERSENSIBLE

Celui ou celle qui ressent tout plus fort.
Non une faiblesse, mais un radar précis.

ARCHITECTURE VIVANTE

Philosophie de duplication consciente : chaque lieu KŌRABOX™ traduit la même grammaire de silence, de lumière et de forme.

BRAND BOOK

Plan directeur de la marque. Définit les couleurs, typographies, protocoles et rituels visuels qui assurent la cohérence KŌRABOX™.

TRAINING PROGRAM

Formation immersive de 48 heures pour intégrer la respiration RESET/FOCUS/SOUL avant de porter la forme opérationnelle du lieu.

FRANCHISE ÉTHIQUE

Modèle de propagation sans dilution : transmission, audits annuels, respect rigoureux de l'ADN du concept.

KŌRABOX™

Sanctuaire alimentaire et philosophique.
Trois gestes – RESET, FOCUS, SOUL – pour structurer le vivant et retrouver le souffle.

POUR ALLER PLUS LOIN

COMMUNAUTÉ & RESSOURCES

Rejoignez la communauté KŌRABOX™

Les prolongements du livre sont centralisés ici : ressources, repères et mises à jour.

🌐 Site officiel – **www.korabox.co**

✉ Contact direct – **contact@korabox.co**

Le site reste le point d'entrée unique, même si les supports évoluent.

À PROPOS DE L'AUTEUR

Davy Bernet est un homme discret, mais organisé.

Un profil atypique : ouvrier devenu voyageur, gestionnaire devenu bâtisseur.

Il a travaillé aux quatre coins du monde – de l'Afrique aux bases militaires,

des chantiers australiens aux hôtels vietnamiens – toujours en mouvement,

mais en quête d'un centre stable.

Ce qu'il cherchait n'était ni un poste ni un titre.

C'était un cadre où la discipline ne tue pas la paix,

où la rigueur devient liberté,

et où la routine retrouve la forme d'une assiduité.

KŌRABOX™ est cette réponse intérieure devenue projet concret :

une manière de remettre du sens dans l'assiette, dans le geste, dans le quotidien.

Davy n'écrit pas pour enseigner.

Il écrit pour transmettre ce qu'il aurait aimé lire lui-même à un moment charnière.

Pas de discours.

Pas de leçon.

Une direction.

Un repère.

Une base.

KŌRABOX™ n'est pas une marque :

c'est un lieu fondateur qu'on porte d'abord en soi.

AVIS DE DROIT D'AUTEUR

Une question, une intuition, une envie de faire exister ce lieu ?

Écrivez-moi : contact@korabox.co

Cet espace est à toi.

Note ici ce qui a bougé.

Ou laisse-le vide.

Notes

Cet ouvrage a été mis en page par
Mariane Borie
www.editeur-correcteur-relecteur.fr

Dépôt légal : mars 2026
ISBN : 979-10-979820-2-7

RÉFÉRENCES & REPÈRES

Ce livre reste un récit pratique.

Les notes ci-dessous ne sont pas des preuves, mais des points d'appui –

des sources sérieuses pour qui souhaite explorer plus loin.

Elles ne prescrivent rien, elles invitent simplement à observer.

Lis avec ton propre radar.

RESET – Jus frais & détox

Les recherches montrent que les cures de jus peuvent influencer brièvement le microbiome et l'hydratation,

sans valider l'idée d'une « détox » universelle.

- Henning SM *et al.,* Health benefit of vegetable/fruit juice-based diet: Role of microbiome, *Scientific Reports,* 2017 — protocole de trois jours : changements transitoires, effets limités.

- Obert J. *et al.*, Popular weight loss strategies: a review of four weight loss techniques, *Current Gastroenterology Reports,* 2017 — bénéfices possibles : fruits et légumes ; prudence pour les cures longues.
- Klein AV & Kiat H., Detox diets for toxin elimination and weight management: a critical review of the evidence, *Journal of Human Nutrition and Dietetics,* 2015 — preuves hétérogènes ; garder du bon sens.
- Pullar JM *et al.*, The Roles of Vitamin C in Skin Health, *Nutrients,* 2017 — vitamine C et peau : intérêt modéré.

FOCUS & SOUL – Alimentation mindful/intuitive

Les pratiques d'alimentation consciente réduisent le stress et les impulsions alimentaires.

Elles reconnectent à la satiété réelle plutôt qu'au réflexe.

- Warren JM *et al.,* A structured literature review on the role of mindfulness, mindful eating and intuitive eating in changing eating behaviours: effectiveness and associated potential mechanisms, *Nutrition Research Reviews,* 2017 — mindful eating : baisse de l'hyperphagie émotionnelle.

- Kristeller JL & Jordan KD, Mindful Eating: Connecting With the Wise Self, the Spiritual Self, *Frontiers in Psychology,* 2018 — relation plus apaisée à l'alimentation.
- Tapper K., Mindful Eating: What We Know so Far, *Nutrition Bulletin,* 2025 — alimentation intuitive : – 25 % d'anxiété alimentaire chez les hypersensibles.

RITUEL GLOBAL – Respiration & pratiques courtes

La respiration reste le rituel le plus simple et le plus stable pour apaiser le mental.

Les études récentes confirment ses effets sur la régulation du stress et de l'humeur.

- Fincham GW *et al.,* Effect of breathwork on stress and mental health: A meta-analysis of randomised-controlled trials, *Scientific Reports,* 2023 — respiration régulière : stress et anxiété en baisse.
- Balban MY *et al.,* Brief structured respiration practices enhance mood and reduce physiological arousal, *Cell Reports Medicine,* 2023 — séances courtes : humeur améliorée.

- Ma X. *et al.*, The Effect of Diaphragmatic Breathing on Attention, Negative Affect and Stress in Healthy Adults, *Frontiers in Psychology*, 2017 — pratiques courtes : focus mental et ancrage émotionnel.

Ces repères ne changent rien à tes gestes.

Si une piste te parle, explore-la ; sinon, laisse-la passer.

L'essentiel reste ton propre rythme : celui qui respire juste.

Le savoir ouvre.

La pratique aligne.

KŌRABOX™ 2026

www.ingramcontent.com/pod-product-compliance
Lightning Source LLC
LaVergne TN
LVHW090610110826
845146LV00001B/331

9791097982027